o jardim das oliveiras

Adélia Prado

o jardim das oliveiras

3ª edição

EDITORA RECORD
RIO DE JANEIRO • SÃO PAULO
2025

CIP-BRASIL. CATALOGAÇÃO NA PUBLICAÇÃO
SINDICATO NACIONAL DOS EDITORES DE LIVROS, RJ

P915j Prado, Adélia, 1935-
O jardim das oliveiras / Adélia Prado. - 3. ed. - Rio de Janeiro : Record, 2025.

ISBN 978-85-01-92491-9

1. Poesia brasileira. I. Título.

25-98775.0
CDD: B869.1
CDU: 82-1(81)

Meri Gleice Rodrigues de Souza - Bibliotecária - CRB-7/6439

Revisão: Jorge Emil

Texto revisado segundo o Acordo Ortográfico da Língua Portuguesa de 1990.

Direitos exclusivos desta edição reservados pela
EDITORA RECORD LTDA.
Rua Argentina, 171 – Rio de Janeiro, RJ – 20921-380 – Tel.: (21) 2585-2000.

Impresso no Brasil

ISBN 978-85-01-92491-9

Agradecimentos

A Livia Vianna,
Eugênia Ribas-Vieira,
Cassiano Elek Machado,
Flavia Martin e
Féres Féres.

SUMÁRIO

Esta memória forjada em pó
de carvão e lágrimas.

PANGE LINGUA

Assim, sem mais,
me pesam os olhos
saudosos de um futuro
que não acontece.
Nada acode à pobreza
da minha pouca valia,
a perfeição impossível.
Neguei o dia esplêndido
e a face conhecida no espelho.
'O que aconteceu?'
À misericordiosa pergunta,
a alma desperta
e a pobre língua consente:
Maranata!

UMA HISTÓRIA COM REFRÕES

Por causa da chuva,
a vida toma a presença
de quando eu era menina
e comia de tudo e muito.
O estômago satisfeito
gerava bons pensamentos.
Sentir medo era bom,
a mãe abraçava a gente,
oh! vida maravilhosa!
A oficina parava às quatro e meia,
o pai comia primeiro
pra tomar banho depois.
Tudo ainda por acontecer:
um puxado na casa,
trocar por tacos o piso de tijolos,
lamparinas por lâmpadas,
e, quem sabe, um rádio,
um ferro elétrico.
Oh! vida maravilhosa!
Ideias me beliscando
como piabinhas no córrego
beliscando-me as pernas,
meu noivo e eu nos contínhamos,

teria uma lua de mel para comer sozinha,
cartões nos felicitando,
caixas cheias de presentes.
Oh! vida maravilhosa!
Se cavasse bem
onde morava a Egita benzedeira,
encontraria uma botija estourando de ouro
e quando o menino nascesse
ia tremer de fascínio e medo
pelos cabritinhos que volta e meia
arrombavam a cerca da horta.
Eu imitaria minha mãe
abraçando ele com força:
Tonim, Tonim, é só um cabritim,
e o mel do amor escorreria
dos olhos pro coração.
Oh! vida maravilhosa!

BIOGRAFIA

Qualquer infância é antiga.
Aos quinze anos, já pósteros,
nos lembramos de nós com comovida saudade.
Já nasce com mil anos a memória da alma.

ANJOS

Estão chegando maio
e o zelo de minha mãe:
'Presta atenção pra não errar nos versos.
Vê se canta olhando pra imagem
aceitai, ó mãe, esta coroa de rosas.
Mas olha só pra ela,
não fica de riso com as outras meninas
e nem balança tanto o corpo,
mania que você tem.
Você vai notar a diferença,
fica um cinema.
Vamos ensaiar agora.
Eu sou a imagem, você a coroadeira.
Depois disso, vai na casa da Alzira e traz as rosas.
As mais bonitas, hein?'
Mãe, a senhora vestia de anjo?
'Vestia, mas demorou demais,
custou a chegar o dinheiro
pro vestido e as asas.
É bonito toda a vida:
aceitai, ó mãe, esta coroa de rosas.
Eu até choro.'

A INICIADA

A menina de coração sensível e desmedida fome
fica comendo a vida no quintal.
A flor do mamão-macho: ô cheiro!
O ovo no galinheiro: ô coisa!
Seu país verdadeiro são caminhos de chão,
sol e abelhas,
pai e mãe sem morrer,
um domingo sem fim.
A vida plausível
e os olhos do homem nela,
um susto novo.
E o coração batendo como um surdo.

A CAÇADORA

Nem é um pasto,
é só um trecho de rua sem capina
coalhado de borboletas.
A lembrança aflora
e maio chega,
a não morte, a não mente,
a vida incorruptívcl.
Tocando em Deus sem saber,
tocava-o cuidadosamente
com um galho folhoso
pra que suas asas não sofressem danos.
Esplendia o dia ao meio-dia.
De seu trono, Deus nos olhava,
tomando conta de nós.
As mães na cozinha,
os pais na ferraria
e seus filhinhos na rua sem perigo,
atrás do que nunca foram só borboletas.

NADA ERRADO

Ouso valentias que julgo me protegerem.
Deus me fez numa família
que, se não fosse demais,
usaria capas de manhã até de noite,
grandes capuzes pra esconder o rosto.
Sinto frio, frio, muito frio.
A mãe até que ensinou:
'As labaredas do Coração de Jesus
não queimam, filha: são labaredas de amor.'
Ela não sabe que eu sei.
Rezava escondida para não me assustar.
Agora que fiquei velha,
penso: coitada da mãe,
não teve tempo de ver
como Deus trabalha em cada um.
Tá tudo certo.

DIMINUTIVOS

Se o defuntinho está vivo
em sua casa nova no céu,
um milagrinho mais fácil pode acontecer:
meu reloginho querido andar de novo
por força da minha fé.
Pensava assim no enterro do anjinho,
como as pessoas chamavam
bebezinhos e criancinhas mortas.
O cemitério era longe,
não era bem um passeio,
mas para nós uma folga das boas.
Quando voltássemos,
brincaríamos antes de dormir,
amontoados nos quartinhos.
Não era nossa a tristeza.

TONS DE ROXO

Enquanto o maior poeta do Brasil
sentia angústias mortais,
eu avivava na língua
a tinta roxa do lápis,
escrevia na folha parda
'o ovo da ave, a uva',
embrião de outra coisa
roxa de tão pungente,
enigma que chamo Deus,
outros chamam poesia.
Tia Maria gozava um amor secreto,
mas, como não tinha versos,
fazia, enquanto cantava,
roupinhas de roxo-claro
para mim e Antoninho
quando chegava a quaresma,
de onde ela nunca saiu.

TREM NOTURNO

O trem viaja sob estrelas.
Tal qual um doutor,
o pai veste guarda-pó.
‘Fagulhas entram com o vento, minha filha,
e roupa boa é uma só.’
Fagulhas e o cheiro da lenha na fornalha,
da graxa em suas unhas
como um sinal de nascença.
‘Presta atenção, minha filha,
com o trem andando.
Uma vez, uma menina espichou o braço na janela
e adeus, braço.’
O trem passou. Só ficou o que não morre:
esta memória forjada em pó de carvão e lágrimas.
Graças a Deus, não preciso dizer:
adeus, pai.

ANIVERSÁRIO DE FALECIMENTO

Um dia, este homem jazente
viu um gato amarelo na cozinha.
Não gostava de gatos.
'Sai, criatura de Deus',
enxotou divertido a aparição.
Era um homem sanguíneo
que cantava bonito,
a quem se podia confiar meninos.
As camadas de terra acomodando-se
faziam um barulho surdo
que até agora ressoa.
Quem suporta comigo esta lembrança?
Ó Deus, consolai-me de sua ausência.

PROGRESSO

Gostaria demais de ter inventado coisas,
o fermento, o mingau de milho verde,
e criar galinhas,
cultivar horta e jardim.
Vivia, sem saber, à sombra do Onipotente,
como meu filho à minha.
Dei uma volta de carro
e fiquei pasma com o progresso da cidade.
Açougues antigos viraram 'casa de carne'
e mais parecem joalherias.
Os cortes separados, bancadas limpas,
uniformes, toucas, gentileza e faca afiada
pra cortar meu desejo de ficar em casa
com cara triste e desanimada
como a de tia Concessa.

CINE DIVINÓPOLIS

Não acontecia nada.
Ele, como sempre, comprara balas de leite
e as comíamos enquanto durava o *trailer.*
Puxou minha mão e apertava-a tal qual poderosa mandíbula
travada de palavras que não ousava dizer-me,
gozosamente reprimidos, ele e eu.
Com certeza emitíamos auras, alguém percebia?
Tão bonito era o homem,
tão jovem era eu.
Quem já sentiu saltar-lhe o coração
a um leve roçar de ombros
sabe do que falo.

O DESENHISTA

Amassava barro com lágrimas
choradas sobre carne morta
quando o menino de dois anos
desenhou para mim uma formiga perfeita,
sem esquecer as antenas.
'Você é um artista', eu lhe disse.
'É? Parou de chorar por isso?
Então vou fazer mais uma pra você,
uma bem grande.'

UMA LEMBRANÇA E SUA IMAGEM VÍVIDA

'Qui tollis peccata mundi,
miserere nobis,
miserere nobis...'
Parou de cantar e enxugou os olhos.
'Tá chorando, vovó?'
'Não, me lembrei de uma coisa triste
que aconteceu faz tempo,
mas já passou.'
'Eu não gosto dessa música,
eu não gosto de música que faz chorar.
Canta *O babão entrou na roda*!'
Ela cantou e eu batia palmas.
No fim ela deu uma dançadinha,
bateu também uma palminha falando:
'Vamos fazer um bolo, Carmelinha?'
'Vamos, sim, vovó.'
Fiquei tão alegre que disparei a falar
pra alegria não ir embora.
'Vovó, lá vai ser assim, não vai?'
'Lá onde, Carmelinha?'
'No céu, uai!'
'É mesmo, é mesmo.'
E parecia voltar de um lugar muito bonito.

Estou duas vezes e meia mais velha que minha mãe
e, de minhas avós, não conheci nenhuma.
Mas no que falo não há engano.
Quando quero chorar sem perder a esperança
canto o *Miserere*.

HERANÇA

Deus dirá para mim, quando eu morrer:
Toma, filha, a escritura deste lote de pedras,
a eternidade é tua
pra cheirar capim seco à margem da ferrovia,
ver teu pai dando guerra às saúvas
e escutar tua mãe cantando.

As santas vulgaridades
têm com certeza um anjo guardião.

FIGURAS

Um tem um anel de doutor,
mas é falso.
O outro é quase ridículo
na roupa muito bem passada e no seu chapéu.
Mas todos, debaixo dos chapéus
e apesar dos anéis,
carregam a mesma frustração.
A glória não dá para todos
e é pouca para cada um.
Só a grande esperança do Infinito
mantém no lugar
os chapéus,
os anéis
e esta minha vaidade.

FILME B

Colarinho sujo e gravata,
cabelo pintado e caspas.
O *close* capta a canastrice do crápula.
Tem uma traça no traje que ele veste
fazendo papel de rico.
Balança o lustre de lata
no teto de papelão.
Atores, rosas expropriadas de sua alma,
meu límpido espelho.

POR LINHAS TORTAS

A amante do bandido
Cezefredo Centônio Camucé
tem um rosto que, faça-me o favor,
eu queria pra mim. Rosto invejável.
Que vinte anos perpétuos tem agora,
linhas e cor dos lábios e olhos,
boca com os dentes todos.
Que rosto irrepetido, incomputado.
A amante do bandido
Cezefredo Centônio Camucé
por sua só beleza
cobra à minha fé oblíqua
mais um passo.

O VELHO DA CARROCINHA

Diomedes tem os olhos vermelhos,
é trôpego para andar e falar.
A costura de sua calça abriu-se um pouco,
aparece como o de um menino
seu saquinho de velho humilhado.
Esgueira-se dos beirais
de sua desumana pobreza
para pedir esmola feito um santo,
depois de ver falhados seus dois modos decentes de comer:
sua pensão do Estado, a venda de picolés.
'No tempo de frio, a venda de picolé decai demais
e passo dificuldade com a família,
principalmente de alimentação.'
Diomedes autobiografa-se usando palavras
como convênio, pensão, exame.
'É preciso lutar até a ressurreição.
Não perco a fé, não, senhora.'
Eu ouvira direito?
Projetara no velho essas palavras?
Não. Me apoderei delas pra ficar rica.
Foi ele mesmo quem disse, gago e grato:
'Até a ressurreição, dona!'

BAR DO TADEU

A cozinheira praguejou:
'Filha da mãe, porra, cortei meu dedo,
graças a Deus que foi na mão direita,
vão me dar folga por uns quatro dias.'
A vida inteira pelejo pra ser santa
fazendo força pra fazer silêncio
e justificada está a praguejadora,
inocente como um tambor
que não tem culpa por repercutir.

COM EXTREMA PERÍCIA

O motorista do ônibus acaba de comer.
Reconta seus passageiros satisfeito,
sua *performance* com os palitos
usando apenas os beiços
me acorda pensamentos insanos.
Quero descer dali,
me pôr na cama entre cobertores,
ao abrigo da palavra precipício,
dos motivos reais
daquela viagem burra.
As santas vulgaridades
têm com certeza um anjo guardião.
Talvez porque fixamente o olhasse,
ele cuspiu o palito e me ofereceu biscoitos.
Acordei do delírio e fui comer sequilhos
como se me servisse a própria mão de Deus.

SALÃO DE BELEZA

Enfarei do meu cabelo,
arrepiado, desobediente, uma tribulação.
Minha coragem é a de um recruta medroso.
Para evitar hesitações tediosas,
fui no salão da Mércia
e levei comigo duas irmãs,
caso precisasse de um palpite.
E palpite foi o que não faltou.
Tanta opinião enlouqueceu a Mércia,
que segurava a tesoura em posição de corte.
Saí de lá com a cabeça quadrada,
muito curto atrás e um topete na frente.
Não chorei, fui educadíssima,
não fiquei com raiva nem das irmãs nem da Mércia.
Aproveitei que estou frequentando um guru
e fui assim mesmo na sessão.
O ser humano é um horror.
Antes gastava por mês um pote de amaciante;
agora não uso mais nada.
Sou um sacrifício quaresmal.
Estou mais humilde e aguento o tranco.
Quando perguntam 'onde cortou seu cabelo?',
explico: minhas irmãs que me levaram,
esqueci o nome do salão,
quando lembrar te telefono.

QUE BELEZA

— Acabei o dever de casa, mãe.
— Então guarda o caderno na pasta
e vai na venda do Alípio pra mim.
— Posso não, mãe, ainda falta o rabo.
— Que rabo?
— O jeito de acabar a história, uai!
— Deixa sem rabo desta vez.
— Pode não, senão a história não voa.
— Então acaba assim: 'Que beleza!'
— Não pode 'que beleza', a história é triste.
— Então põe 'que tristeza!'.
— A senhora não tá prestando atenção ni mim.
— Tô mesmo não, essa latomia de dever de casa
na hora do almoço me tira do sério,
e se você não for agora na venda do Alípio...
— Já vou, mãe, já vou.
E saiu soluçando de tanta tristeza
que era sua vida de estudar no grupo escolar
Olavo Brás Martins dos Guimarães Bilac.

CATEGORIAS

Não nasci assim mãe,
assim avó,
assim tia.
Já fui filhinha,
irmã,
fui coleguinha.
Única e singular,
já fui louçã.
Agora,
mal começa a manhã,
entra noite, sai dia,
sou só dona Maria.

ASILO PARA SENHORAS IDOSAS

Somos eternos nos verdes anos,
a velhice tosse ao lado e arqueja,
até que arranje um lugar
pra sentar e descansar um pouco.
Me invade a luz de maio,
este céu de seda azul e macia.
Até que Flora, doente,
me visite mais animadinha.
'Já bateu seis horas?
Costume de minha mãe,
até hoje me deito com as galinhas.'
Ih! tá muito longe das seis ainda, dona Flora.
Em junho o céu pesa de estrelas.
Alguém continua tossindo.
Flora não escuta,
o que vale é a doença dela.
'A juventude não pensa nada que presta,
concorda comigo, dona Vicentina?'
Tenho de pensar a respeito do que falamos.
'Já bateu seis horas? Oh! passei da conta,
desculpa, converso muito.
Mas é tão bom, não é?
Concorda comigo, dona Violeta?

Ah! se não fosse a senhora...
Esse café, vou comer mais um biscoito.
Concorda comigo?
Essa hora já estaria deitada.
Sonhei um caminho estreito,
flores de um lado e de outro,
uma freira apontou longe,
com muitas flores pra mim.'
É Santa Teresinha, Flora,
ela é treinada em botar gente no céu.
'É devera? Sonho muito lindo, não é?
Tomara que venha logo
pra eu passear com ela também.
Eu troquei o nome da senhora?
Todo mundo fala que tô muito esquecida.'

Muito cuidado com o recém-nascido.

DE MADRUGADA

Olhos moram em nascentes.
O que não lhes falta é água para chorar.
Choremos, pois, ao latido do cão,
oracular e sinistro.
Sinto saudades já deste momento
que ainda nem passou.
Talvez desejemos pouco o que desejamos tanto.
Não ouso valentias contra este medo
que julgo me proteger.
Quero viver, Deus.
Sinto frio, muito frio.
Não me expulses do ninho ainda implume.
Me aquece com brandura
sem pesar sobre mim a tua mão.

A PACIENTE

No quarto que me foi dado para obter repouso,
de olhos fechados as imagens pululam.
Um macaquinho solerte faz discurso
e há rostos, rostos, rostos que me garantem:
saberei pintá-los assim que me levantar.
Falo e falo e só pode ser a Deus,
porque estou sozinha.
Cubro a cabeça, envergonhada,
viciada em pedir perdão.
Tenho dificuldades em aceitar
que não sou filha bastarda,
me tratam bem
e me dão presentes.
Alguns sintomas persistem:
meu coração bate nos ouvidos
e a cada tantas batidas
uma não bate.
Aos dezoito anos fiz corte e costura,
matei pano demais e desisti.
Queria era dançar como danço nos sonhos,
inventando no ar os movimentos perfeitos.
Suas faculdades estão intactas, disse o doutor.
Então...

Então nada, senhora. Tome os remédios
e volte em quatro semanas.
Quando tudo está bem, fecho os olhos e vejo
amarelo e púrpura sucedendo-se em círculos
ou então dois volumes se encontram e inflam
até explodir.
É sempre bom. Tento recuperá-los para sossegar.
O bone Jesu.
Que amor sinto por ti. Que amor!
Não desistas ainda.
Estou prestes a decifrar
que os decorosos códigos que me envias
são bilhetes do amor que tens por mim.

JONAS

Devo ir a Paris mostrar meu verso,
mas temo aviões.
Fui consultar o sábio:
“Em certas circunstâncias,
o trabalho de um homem
pode ser tão árduo
que não lhe permite mais
pensar em si.”
As baleias engolem os pusilânimes.

PETIÇÃO

No turbilhão que me força
a despojar-me de minha astúcia,
esbarro em palavras que não vou escrever.
Vêm com ritmo, mas não as retenho,
respigo-as em campo de trigo,
dou-as aos passarinhos.
Já gozei muito de férias,
passeios no sítio,
agora quero um prêmio,
quero porque quero.
Este desejo tenho no coração
onde Belzebu não entra.
Continuar querendo
me faz bondosa e pobre.
Ó criador e dono dos diamantes,
me dê a certeza de que não é pecado
não parar de pedir o que já tenho.

ORBITAL

Nem quero que a bruma se desfaça,
nem de leve romper o mistério das coisas que ela encobre.
Apenas sua espessura para a gula do meu tato.
Um orbitar constante,
mas, dentro da cápsula,
amarrado aos cabos,
sob a cômoda pressão do oxigênio às costas,
freando o coração, as próprias mãos até,
contra o impulso, o apelo,
o tremendo apelo que me arrasta para todos os homens.
Chega a leve dúvida do olhar para que eu os transponha
e reconheça, e comece logo a desvendar-me
em troca do seu mistério.
Senhor, meu coração tem cem anos,
e se entrega hoje como antes
e tem seus anos de vida em anos-luz de perplexidade.
Temo não querer um céu maior,
e a ti mesmo, nem sei se desejo encontrar.

EX-LIBRIS DE MARIA BEATA

Deus me cobra tributo
por me deixar respirar.
Quando ele vem à senzala,
dou-lhe olhos vermelhos e pecados pífios,
o que lhe acende formidável ira.
Não me deixa gozar a sina do meu nome.
Nasci adotada
por este amor de sufocante bodum.
Estou falando de Deus? Não.
É do travestido que falo,
o que me acorrenta à meia-vida
do falso pão sem fermento
e me serve em água salobra
as murchas ervas amargas.

INDICAÇÃO COLATERAL AO USO DE TRANQUILIZANTES

Deixa, e os cabelos crescem.
O mato ao redor da casa
abrigará grilos e sapos.
As lagartixas em segurança
virão explorar teu quarto.
A paciência é espessa
como a massa do pão não levedado.
O pão não é paciência,
o ovo é.
O rio é paciência,
o mar não é.
Quero a que amadurece a fruta
e os embriões.
A paciência é fé.

A RECITAÇÃO DO ROSÁRIO

Estou tão velha,
corte-me as unhas.
Estou tão velha,
escove-me os dentes.
Cubra-me, temo estar despida.
Cansada já, aos quinze minutos do segundo mistério.
Cochila e deixa cair o terço
que reza para que eu nasça forte
e vire uma santa de peso.
Ó mãe, mãezinha, minha querida,
santa é a senhora,
que não tem culpa de nada.
Os fetos já sabem tudo.

O AUXÍLIO DO ANJO

Viver é tão difícil às vezes
como o que vou narrar-vos.
Um cachorro latiu
enquanto eu meditava
a palavra do Senhor.
Logo quis escrever
ladrou um cão,
mas o tentador interveio:
'Não é *ladrou um cão,*
e sim *um cachorro latiu.*
Queres enganar-te e aos outros,
escolhendo palavras?'
Quase me entristecia,
pois queria minha escolha.
Veio o anjo, o outro,
o do campo de flores,
que desde o nascimento me guarda,
e me falou, a mim que me julgava sábia:
'Insista. Não precisa sofrer
entre *cão* e *cachorro*
e entre *latir* e *ladrar.*'
Que faço entre verbo e verbo?
Necessito curar-me.

O animal produziu
um som ou um sonido?
A unidade do meu louvor
sofreu um *staccato*:
não aguento mais não saber
se ladrou um cão
ou se um cachorro latiu.
Ó anjo do campo de flores,
meu zeloso guardador,
atende-me.
Não posso negar a Deus
as palavras que ele me dá.
Então recomecei:
Ladrou um cão...

GARIMPO

Como um perdigueiro, espreito
a proximidade do homem com seu cheiro.
A voz do que é diverso de mim.
Seu sexo, onde não vou deter-me.
Quero é o mistério sobreguardado.
Quero mais as mãos e as pupilas,
as que suportam o inconfessável.
O que ele dá sem pedir
com sussurros e as mãos,
me afastando um por um
os cabelos da fronte.
Esta, a intimidade do homem
e toda a sua beleza.
Para ela guardo minhas vertigens e a coragem
de tocar acordada na alegria.

A POBREZA DE DEUS

Me acordas no meio da noite
para me ouvir dizer: querido Deus.
Precisas da minha voz
como preciso
da carnação de Jonathan sob os olhos.
Querido Deus,
respira comigo em uníssono
para que não me percas
e eu te tenha à distância de um grito,
a trindade moldada em barro novo,
tu, Jonathan e eu,
diferentes, distintos, confundíveis.

A IMITAÇÃO DE CRISTO

A vontade de Deus é o mundo,
também inescrutável em seu mistério.
Tomada de ânsia em meio a tanta alegria,
minha pobre alma,
ela também criatura entre nascentes,
perto das quais se diz: as murmurantes.
Por que murmuram? Para meu suplício.
Água é Deus ou Deus está na água?
Sei que o mundo é sua imagem
e isso é não saber nada.
Falo sem vanglória e falo mais:
sou inocente. É difícil pecar,
a torrente de amor é muito grande.
Ia dizer: quero-vos, e não vosso amor,
que é o mundo.
Mas quem sofreu mais disse antes de mim:
Deus é amor.
Quando era menina, amava estar nos pastos,
como até hoje amo,
pois lá está — está o quê? O sentimento
de que se deve procurar a pedra,
de que é o melhor lugar para dizer 'eu te amo,
vamos morrer, a felicidade está me enlouquecendo'.

Estou cansada de ver Deus em tudo.
Quero muito fazer minha vontade.
A única vez que Jonathan me beijou,
esqueci eu e Deus.
E o esquecimento de si não é a regra do asceta?
Me beija de novo, Jonathan.

BRANCO

Como em campos de arroz nos alagados,
assim brotam os lírios.
De bruços observávamos
alguns já floridos,
a corola exposta sobre a linha d'água.
Nossos ombros tocando-se,
o que acontecia tinha um nome só:
brancura.
Dos lírios falo, não de sua espécie,
pra não tornar alvacento
o que era branco só, branco puro.
Perguntaram-me do homem:
'É Jonathan?'
É, respondi.
'É Jesus?'
É, respondi também, convicta, sem entender.
Felicidade não é palavra humana.
Só em sonhos a suportamos.

TIMBRE

Nada acode
à medida do que necessito
para reproduzir a voz do homem
respirando em meu ouvido.
Tudo é menor ou de infiel desmesura.
Só a alma sabe.
A língua, não.

TESOUROS

Como será no céu
sem o que neste mundo me ofereces
e guardo, ó Deus, como a pérola bíblica
encontrada no campo:
o homem me falando no sonho:
'Vem cá, meu bem,
perto da minha tens a mão tão pequena.'
Viu minhas sandálias novas
e procurou palavras perturbado.
Como desapegar-me?
Ao corpo ressuscitado é permitido
roer de paixão as unhas?
Corro perigo, ó Cristo,
minha caixinha de joias
quer separar-me de vós.

A COMEDORA

Comi bolo!
Dois bons pedaços. Quebrei meu jejum.
Que miséria! Nem ao menos sou jovem.
Me apanhei combinando molhos,
deitando caldas até no ofício divino,
chamando de orgulhosos
os que têm governo sobre seu estômago.
O mundo está dividido:
de um lado, guerras, generais soturnos;
do outro, o ponto certo da calda,
a feitura acetinada dos glacês.
Amo os dois.
Mãe do céu! Comer, louvar e brigar.
Garfo, rosário e espada.
Ai, gente! Sou só uma mulher.

CALEIDOSCÓPIO

Parece fala de gente o miado dos gatos.
Que eu não saiba pintar é um verdadeiro dom,
tão milagroso como se soubesse.
Passaporte pra quê?
Se nem saio de mim.
A carteira de identidade não me representa,
é só muleta para abrir contas e conseguir emprego.
Virgem e Mãe! Fascinoso mistério!
A boca de Deus no seio róseo
comendo e regurgitando o virginal colostro.
Os gatos recomeçaram no telhado,
não há como enxotá-los.
Hipnagogias multiplicam-se,
é um bom sinal,
logo estarei dormindo.

PROPÓSITO

De madrugada
vou cavar no terreiro e semear sempre-vivas.
Quantos dias gastem
para espetar o ar as pétalas metálicas,
vou gastar também.
Cumprir como o anódino pó
desta semente seca
o ofício da paciência.
Aprender o tempo
com a sempre seca viva flor.

NÉVOA

Acontece em pianíssimo, fragmento de sonho,
o olhar, nem acordado nem adormecido,
sobre esfumados contornos,
rios acolchoados de vapor,
montanhas parecendo mais longe,
distâncias dilatadas em tamanho de mar.
Quando maio se finda,
docemente empurrado pelo frio,
as lembranças, névoas elas próprias, retornam,
as que a memória escolheu.
Pessoas tiritando velavam o pai morto na madrugada,
vapor de café, vapor de respirações, geada nas hortaliças.
Tão difícil ir à escola,
blusinhas ralas, pernas desprotegidas,
mas tão bonito o mundo, suspenso em bíblica figura,
"o Espírito de Deus pairando sobre as águas".
Riobaldo, o jagunço peripatético,
na agonia de sua paixão,
sem ter mais o que dizer: "Diadorim é minha neblina."
Cortina de névoa,
branco cinza velando o que só à atenção
e vera delicadeza se revela.
Na indescritível beleza, o mundo tem um sentido.

“Diadorim é minha neblina.”
O coração mais duro, ainda que às escondidas,
não resiste.
Neblinas.

A ARMADILHA

Contra todo discurso, Deus deseja
e tem ânsia. Divina, porém ânsia.
E uma boca cujos dentes mortíferos
me espreitam como sua comida.
A razão inteira não poderá negar
o que os ouvidos escutam,
não os da alma — estes já o sabem —,
os do corpo,
os que podem enganar-se
com a aparência das coisas.
Há estalidos de insetos caminhando nas hastes.
A mata estremece quando ele sai à caça.

TRANSPIRAÇÃO

Não caias na tentação
de prosseguir com estes versos:
'A água do regador
semeava diamantes trêmulos.'
Foi necessário transpirar demais
para chegar a tais versos de vidro.
Não te deixarão dormir os estilhaços
da falsa celebração.
Quando lhe abres a porta
no mais triste dos poemas,
no mais escuro, a poesia é feita
da perfeição do que não pensa,
vômito, coisa pior se o quiseres,
mas nunca perturbará teu repouso.

MAPA

Várias vezes te disse:
o amor não é em *close-up*, é impressionista,
vive do que bem não se contorna.
Gera e gasta seu vinho, espreme a borra azeda do seu mosto,
sem que vejas, se não te pões atento e delicado.
Não o procures na boca, ainda menos no ventre;
olha antes nas mãos e nas pupilas,
as que guardam teu nome.

SÍSMICO

Chego a amar as catástrofes
por causa da redenção que elas carregam.
Nas grandes águas e nos grandes incêndios
os homens se dão as mãos.
Por isso, com o melhor amor
espero o grande dia
em que as estrelas cairão
e nos tocaremos alma a alma,
o grande ultrassônico abalo.
Pensar nisso me faz tal vertigem,
beira a morte ver assim o humano.
Procuro em quem me agarrar,
como nas grandes águas
e nos grandes incêndios.

A BELA MÚMIA

Comeu, dormiu, caçou,
adorou vários deuses
e hoje, insepulta,
ri para os turistas.
Nem tão frágeis são os ossos.
Passaram-se milênios
e quem vê quem?
Você tão antiga, acordada,
eu tão moderna,
ainda não fui dormir.
O fio do colar está perfeito.
Em gravuras antigas
aprendo como se adora o deus.
Braços erguidos, as conchas das mãos
voltadas para o alto.
Aplacam-se os neurônios,
fica tudo perfeito novamente:
a batalha contra os ratos,
a angústia de pensamentos
que perturbam o sono,
o que "excede todo entendimento"
e este amarelo radioso
sugerindo que maio está voltando.
Muito cuidado com o recém-nascido.

O DERVIXE

Falando se peca tanto!
Ainda assim, minha cruz é pequena
se comparada à de Antônia, Quinzinho
e à de muita gente conhecida,
mesmo à de Bernadete,
que ri à toa de tudo.
Me sinto às vezes como lata vazia,
nada dentro que se aproveite,
pó misturado a um pouco de óleo e água suja.
Ancestrais, certamente escravos de apetite voraz,
deixaram-me a inclinação para a dança.
Por eles rezo em agradecimento.
Pois é completo dançar:
a máxima desatenção do corpo
diverte a divindade que me abençoa.
Tenho serventia.
Pode-se dançar nu.
O corpo é inocente e louva.

CASTA DIVA

Como é difícil só bater palmas em pé
pela graça de ver Maria Callas cantar,
ela mesma espantada de como canta bem,
como se o acontecido aumentasse as estrelas,
como se um anjo nos servisse o maná.
Deveríamos então correr enfileirados e nus,
esmurrando-nos uns aos outros,
quebrando nossas cabeças. Eita!
O que nos alegra a alma é tão divino!
Ninguém parece ter pecado algum,
apesar de que somos barro.
O Salvador se ri nos redimindo:
'Coitados, inocentes gozosos.
Se soubessem como lhes tenho amor,
não me poriam na cruz.'

ENTENDIMENTO

O passarinho no comedouro
me acomoda no mundo
como dentro de um útero.
Medo e desejo se esfumam,
como o medo noturno dos meninos
quando a mãe os põe ao colo.
Renasço deste óbvio rochedo que me salva,
a vontade de amor.
Sei afinal qual é minha ração
e meu destino.

O ASPIRANTE E SUAS DIFICULDADES

Quem anda no bom caminho
não escapará, por isso, ao sofrimento.
Caminho mais custoso,
um lugar descampado
donde se avista a linha do horizonte.
É duro, mas não é turvo.
Tem pouca árvore, água pouca,
belo como um deserto.
Nele, Teresa e João da Cruz
pedem desculpas por gozarem tanto
as agruras do seu jejum.
Eu peço comida. Deus me dá, me perdoa
e manda o anjo de Tobias pescar um peixe pra mim.

SOLO

Uma coisa em nós é rasa e profundamente igual.
Queremos ser felizes.
O mais grave dos homens,
se vir no prato um ovo de duas gemas,
ainda que de boca fechada, sorrirá.
Tudo guarda um sinal,
tudo é escritura, código, aviso,
voz que de outra maneira soa.
De seu lugar, o retrós, o albatroz
até o fim dos tempos falarão.
A borboleta, só de abrir e fechar as asas,
está falando.
Não se faz poesia apenas com palavras;
poemas, sim, mas quem precisa deles?

DÚVIDA

Tenho absoluta incerteza
quanto a ter lido ou escrito eu mesma:
'a mancha de sangue pútrida no ovo'.
Eu seria capaz de inventar esse verso?
Se o tivesse gerado, onde buscara
seu grão de extremo nojo e de tristeza?
De onde nasceu o velado desespero
de suas palavras sem ênfase,
seu ritmo doloroso,
tão sacral e tão podre?

HUMANOS

A mãe recobre com os vagalhões do amor
seu recém-nascido.
Ele não sabe,
apenas goza do regaço
de quem o sustenta à altura do coração
e quase o sufoca de tão incompreensível afeto.

MERENDA

Errar é bom,
é bom não ter razão.
Corpo e alma repousam
por nada terem a ensinar.
É morno e doce
como leite de mãe.

O MOINHO

O que move o mundo é o sonho,
o sonho do idílio interrompido:
o Criador mirando-se em sua obra
e a criatura adorando.
Gratidão! Só aqui tens lugar,
palavra sobre-humana.
É permitido ser feliz, alegrar-se no pó,
e toscamente prostrar-se
à imensa luz do benfeitor invisível!

DOIS CORAÇÕES

O amor não foi inventado.
Existe como Deus existe
e é voraz,
sangra e deságua
em proibitivos cânones,
mas não vai para o inferno,
é ele próprio o inferno,
porque não se basta,
precisa de olhos e mãos sapientes
para gozar um átimo do que promete.
Ó coração santo, coração perfeito,
tem piedade do meu,
movido a duras pancadas
de culpa e medo ancestrais,
ofegante e humilhado,
nem por isso inventado.

ACÁCIA

Minha alma quer ver a Deus.
Não quero morrer.
Quero amar sem limites
e perdoar a ponto de esquecer-me.
O perdão gera alegria,
exorciza doenças,
mata o medo,
dá poder sobre feras e demônios.
Poemas são culpas antecipadamente perdoadas.
Esta acácia florida gera angústia.
Para livrar-me, empenho-me
em lhe esgotar a importuna beleza,
magnífica insuficiência,
pois, ainda que pobre,
o poema convoca à perfeição.

SERÁ COMO SE ADIVINHA

Quando o dia definitivo acontecer,
certas ruazinhas com jardins de perpétuas
confirmarão um ar que surpreendo nelas
às duas horas da tarde.
Outras coisas também guardam este imponderável
e resistirão transfiguradas ao nosso toque.
Mapas com nomes de rios e localidades,
negócios postais, barbearias,
farmácias com propaganda de fortificante,
postos de saúde com gravuras,
um homem amarelo e fraco: verminose,
um homem vermelho e forte: biotônico,
nas capas dos cadernos a bandeira do Brasil.
Tudo que a seu modo deslumbrado e inocente
serve ao nosso destino de pessoas,
o retrato de casamento, a compoteira,
pílulas para dúvidas intestinais,
o emprego, o patrão, o companheiro,
tudo que equilibrou nosso tempo precário
entre o primeiro alento e o último
guardou entre poeira e más palavras
os cruéis desejos do coração, o embaciado sinal,
o mal achado relevo da presença de Deus em nosso meio.

DOIS MOTIVOS

O tempo murchou o fruto,
amarelou a trova.
E na hora em que eu morria
juntou os dois motivos numa cova
e fez uma elegia.

MORRER

O que chamamos morte
são os passos do noivo na antessala.
Ela fica de fora,
não participa de núpcias.
Gera medo porque não existe.
Vive de seu fantasma,
até que tudo que pulsa
anuncie seu óbito.

O VELÓRIO

Vestiram o morto e o puseram na sala
entre velas, flores e conversas
nem um pouco constrangidas.
O velório ia animado, alta noite,
quando o bêbado entrou e falou ao finado
— não antes de tirar o chapéu —
'a morte é coisa muito importantíssima'.
Tomados de clarividência e susto,
providenciaram o minuto de silêncio para o defunto
e um café amargo para o bêbado.

VERSOS PARA O URUBU

O cadáver de nossos mortos e os monturos,
humano e doce resto, o corpo e o lixo.
Ócio da matéria relegada,
entregue sem disputa à ave de luto.
Com seu bico amoroso beija e come,
ama por mim o que eu quisera amar,
em negro e limpo amor.

CONVALESCENDO

Os lobos foram embora
ou foram os sonhos maus que me deixaram?
Qualquer coisa agora
que aconteça no corpo
virá como um batismo.
A alegria me olha
e fico ruborescente.
Mesmo tendo cem anos,
pareço a aurora nascente.

ÉPOCAS

Que Bíblia liam os que me doutrinaram?
Morreram todos já, em suas camas estreitas.
Vizinhos ateus que praguejavam
pareciam livres, inteiros, até puros,
diferentes de mim, que os invejava,
minha língua pedindo injúrias,
minha alma a dizer: perdoo-te.
Confusa, punia-me ao mínimo contentamento.
Hoje dou graças, por mim e pelos praguejadores.
À minha moda, também eu era inteira.
Afinal, humanos, nos equivalíamos.
As almas, todas eternas.
Falo do corpo que deixei dormindo
e desperta agora, feliz e bruto.
Deus não se agrada de santidades mofinas.
Aumento um pouco o decote
pelo prazer de que vejam
como é bonito meu crucifixo de prata.
Como disse o famoso físico
ao entender uma equação difícil:
'É tão bonita que só pode ser verdadeira!'

RECURSOS

Não é pecado, quando necessário,
fugir de letrados,
não responder cartas,
cuidar de si mesmo,
ir pra debaixo da cama
quando batem à porta os monocórdicos.
Para continuar paciente
às vezes levanto a voz.
Já quebrei coisas que não podia quebrar.
Foi errado. Me custou sangue e lágrimas.
Por isso é sempre bom ter à mão
louça trincada,
cadeiras mancas,
presentes equivocados.
Nunca se sabe a hora da tempestade.
Nesse particular
o Velho Testamento não me ajuda
com pronunciamentos no mínimo discutíveis,
o rei convocar Deus para exterminar inimigos.
Gosto da Nova Lei que ensina o amor
e o filho pródigo é recebido com festa,
roupa nova, anéis, muita música
e um banquete com novilha.

Pode ser que o bispo me desautorize,
pois gosto de catequizar,
mas ensinar que o profeta Eliseu
convocou ursas para comer os meninos
que o chamavam de careca?
Imagine, um profeta fazer isso!
Não é à toa que tenho medo de Deus,
mas a seu Filho amo com paixão verdadeira.
Passei uma noite garimpando
outros impensáveis da Velha Lei.

Se alguém gritasse, pediria vassoura
ou faca para a sangria.

VARIAÇÕES SOBRE UMA DOR

As tuas mãos fizeram-me e formaram-me
todo em roda; e assim de repente me despenhas?

Jó 10,8

I

Estou sob a mó e sobre mim descansa a grande pedra.
Obedecendo a um tempo imperturbável,
gira sobre mim, em volta de si mesma,
cada vez mais, a cada vez.
É um ritmo, um odor de vísceras,
uma palpitação incontrolável
de coisas cumprindo seu destino,
vaca entre os arbustos dando conta da cria.
Onde se confundem e se sucedem a dor, o odor,
o gemido e este desespero sem nome,
eu digo que vejo o mistério em sua carne
e na extrema lucidez é uma visão de loucura,
porque ele permanece indecifrável.
"O mundo está em dores de parto."
Estou com as dores do mundo e somos uma coisa só.
Basta eu me libertar para libertá-lo.
Mas não encontro à volta

uma evocação sequer que rompa a treva,
fira a espessura deste círculo amargo,
a leveza das mãos e a bondade dos olhos consumidos.

II

Até que me devolva à obscuridade
dos meus limites o vagido,
de novo a sedução milenar desta dor que dispõe de mim
como um feixe de varas muito verdes,
que me faz mergulhar e lamber
o fundo de tão tormentosas águas,
sem quebrar nem morrer.

III

Não fora a insofismável pressão dos seus dedos
no meu flanco aberto,
sua presença de ferro na comoção dos meus ossos,
eu não acreditaria.
Tenho o prego de Sísera na fronte,
sou um novo Holofernes
com a espada de Judite à altura da cabeça.
Devo entregar a tempo meu cordeiro sem mancha
e, até que a paz me volte,
travo a língua no amargor das ervas prescritas,
nesta terra de dores que é meu corpo.
Apressa-te em te retirares de mim,
para que eu possa ouvir pacificada o choro do cordeirinho.

IV

A flor se abre e eu a vejo em todo o seu abrir-se.
Tecida toda e irrigada de vermelho e de fibras,
força de alargar e distender.
Entre suor e sangue e ferros,
a mulher e seu oco obstruído,
sua cria úmida, enovelada em vísceras.

V

Deus e a mulher repousam.

VI

Começa o mundo outra vez.

A HORA DO MEDO

A víscera encolhida e atenta dentro da treva
absorve e expele seus humores,
mornos sangue, suor e linfa comprometidos com a morte,
toda a carne avisada na compreensão e no horror.
Não posso fugir porque sou dentro de mim,
invejo a porta, a parede, as vigas de ferro e o vidro
que depois de mim subsistirão.
Quero conceber agora, porque é no corpo que desejo o sinal,
dentro de mim, cavando-me as paredes,
sendo a esperança mesma.
Preciso do que se nutre
e ainda não tem rosto nem nome e vive,
para proteger-me do que é terrível e agora sei.
Só assim suportarei que o nome de Deus é Vida-e-Morte.

INTERVALO

Todos beijam o neném
como se fossem comê-lo.
Que cheiro o recém-nascido tem!
Todos querem o menino.
Ó Deus, onde estavas todo esse tempo
que fiquei sem lembranças?
"Escondeste-me o rosto e fiquei aterrado."
Me toma, Senhor,
como aos recém-nascidos fazem as mães.

NO CORPO

Esta noite excede em escuro e peso
nas minhas têmporas latejantes.
As coisas se parecem com seu nome.
Desencantada,
hoje não gero filhos nem pensamentos.
Vou dormir sem sonhar.
Pré-menstrual tensão dessorada no corpo,
vazada em pura linfa.
Água de distensão,
força do que não se agrupa.
Impossível chorar o menino
que o pai levantou pelos órgãos sensíveis.
A massa do meu sangue
é a mesma de seus testículos esmagados.

HAMLET

Não posso escutar
sem que um frio aziago
me estremeça os rins
e me percorra a espinha.
A pá do servente que remove a areia
é um som ambíguo:
está edificando, mas evoca a morte.

LIÇÃO

Não sou poupada na tarde
em começos de primavera.
O aleijado, de olho velho e olhar triste,
que a cada passo carrega
o corpo todo em semicírculo,
fala alto e sozinho:
'Obrigado, Deus, estou vivo,
escapei de ser morto pelo caminhão,
louvado seja, estou vivo.'
Como ele, quero também
o terrível poder de abençoar Deus.

PEQUENO HOSPITAL

De fora da janela, dura um lixo antigo.
Cascas de laranja,
mechas de algodão,
palitos,
tocos de cigarro,
papel higiênico e papéis.
A chuva grudou as mechas, os papéis,
e pôs em tudo uma camada de mofo.
Do lado de dentro, dura um doente antigo.
Tosse, já parou de urinar
e quebra em porções pequenas
pão torrado no chá.
A morte pôs em tudo o fino tom de sua cinza.
Não vai sol na janela, a água não verte,
por todo lado os cartazes coercitivos:
SILÊNCIO!
Se alguém gritasse, pediria vassoura
ou faca para a sangria.

SALVE RAINHA

Coitada da menstruada,
da que não pode falar na sinagoga
e precisa de véus e leis
para estar apenas calada.
E para gerar Deus
gerou antes um dogma
de pétrea virgindade.
Que maléfica coisa
engendrou sobre nós
tal marca de impudicícia
e nos faz mais indecorosamente envelhecer.
Ainda assim, sabemos: é por isso
que à Rosa Mística,
à Estrela Matutina
saudamos: Ave, cheia de graça!
Ó auxílio de todas as manchadas,
não fosse cristã diria:
O dea grega!

ORAÇÃO A SÃO JOÃO DA CRUZ

Como se me habitasse o espírito surdo-mudo,
o anúncio de um crepúsculo dentro e fora de mim.
Não como, não bebo e não tenho dormido,
como um peixe debato-me.
Já à minha volta meus amados suspiram,
cansados do meu existir de pedra exasperada.
Imploro a vós, que mergulhastes no túncl
de frio e medo da noite escura mais densa,
que ordeneis ao filho de Belzebu que me retém:
Saia em nome de Deus!

O EMBUSTE

Quem bate?
Quem me perturba o sono
choramingando como um bebê,
sem me chamar pelo nome?
Ó coisa miserável e demente.
Já o vi uma vez
falsamente gemer
como se fora o que morreu por mim.
Tagarele à vontade, mentiroso.
Ninguém mais que eu sabe dos meus pecados.
“Não dormirá aquele que te guarda.”
Estou atada à verdadeira cruz.

REZA NA TARDE QUENTE

Entrego tudo a vós com esta canícula,
a humilhação de pensar,
o corpo ininteligível, a morada do Espírito.
Vem, Paráclito, quebranta a fortaleza perversa,
me descansa de mim.

COMPRIMIDOS À MÃO

Já começa a rondar a compaixão sem esperança,
o bicho faminto,
sinal de que a matilha me espreita,
ao menor vacilo me derrubará.
O corpo aciona seus alarmes,
sonolência, mordidas fortes na língua,
respiração de máquina cansada.
Morrer é muito difícil.
Até nos salmos se pede:
Deus, concede-me a vida.
Pode um cadáver louvar-vos?
Não sei o que fazer.
Toma o remédio, disse minha filha,
como se fora minha mãe.
Obedeci sem murmurar.
E meu sono foi bom.
Nem três guilhotinas conseguiram
arrancar do corpo minha cabeça.
Tenho feito progressos.
Freud precisa analisar-se.

FALÊNCIA

Os médicos estão enfermos.
Os padres perderam a unção.
Nenhum gesto, ou crisma, ou água, traz a graça.
Demônios riem.
Com grandes cestas recolhendo joias,
vão fabricar o bezerro de ouro para mim.

PÓS-OPERATÓRIO

O coração estava em grande sofrimento,
informou o médico.
Agradeceu vivamente quando foi irrigado.
Alguém se recolheu, procurando silêncio.
Então sofre o que não sabe de si?
Coitado do coração e seu esforço.
Coitada da Via Láctea e sua rota,
do Coração de Jesus vertendo sangue e água.
Perdoai-me, tudo que pulsa.
Quisera pisar nem sobre areias.
Mas o amor em mim
— que também se ignora —
é o que decepa formigas.
Coitado do meu amor.

CORAÇÕES

Não posso descrever minha miséria.
É tal que as pessoas que mais amo
se sentirão afrontadas.
Corro o perigo de que se afastem de mim.
Certas coisas só posso falar pro Deus
que também tem um corpo.
Seu coração de carne sacratíssima e perfeita
entenderá o meu,
movido a batidas de culpa
e ancestrais pecados.
Amo a carne que desprezo,
me sirvo dela para encontrar o espírito,
que não sente medo nem vergonha.
Nada explica o mistério que me sustenta.

UMA EXPERIÊNCIA

Chorava, chorava muito.
O corpo dobrado em dois
como o de um feto.
Sem mais, no meio da desolação que me afligia,
vi o cego, as mãos estendidas para lugar nenhum.
O homem parado à sua frente
tão profundamente o olhava
que cessou o burburinho do povo.
'Que queres que eu te faça?'
Achei que era a mim que perguntava e respondi:
que eu veja, Senhor, que eu veja.
Seu olhar transfixava.
Era preciso morrer para descrevê-lo.
Não foi sonho, não foi alucinação,
mas anulava a morte
o que me falou ao ouvido:
'O Pai te ama. Não vês?'

PELA GRAÇA

Sem que eu mereça,
imprecedido de louvor ou súplica,
um entendimento me toma.
Poupada de fadigas,
assisto à vida acontecer em mim.
De onde nasce o sangue,
da medula, portanto,
ouço com clareza:
te amo, te amo, te amo.
Meu Senhor e meu Deus,
agora meu amante.
Quem fala e quem ouve
são uma coisa só.
Meu ofício sagrado é respirar.

DOMINGO EM SÃO PAULO

Esta cidade me pesa sobre os ombros,
vacilo em caminhar neste domingo
extenuada de fadiga
por tantos e tão altos prédios,
cheios de fios, encanamentos.
Ruas, árvores,
lona, plástico, papelão e zinco,
arremedos de casas
dos que nunca foram ao parque,
pretas de fuligem e poeira,
luxo e lixo.
Tanta massa de gente
desejante e ansiosa.
A qualquer hora chove
e não tem banheiro. Horror!
Tudo é inóspito,
sem espaço para riso e sonho.
A sensação é próxima da palavra desgosto,
que por escrúpulo temo pronunciar.
A cabeça enjoa no antigo pêndulo,
medo e susto,
susto e medo,
sem discernir o que seja

a Santíssima Vontade.
Sei que sois trindade,
não porque me ensinaram,
mas porque um Deus sozinho
gera o inominável terror.
A sagrada face do Filho me protege,
sua coroa de espinhos.
À prova de sequestros,
durmo no vão de suas cinco chagas.
O domingo anoitece.
Melhoro bastante, sinto menos frio.
Não recuso o remédio
que amorosamente alguém me põe sob a língua.
Descubro que sou amada
e não apenas por vós.
Parece rude, Altíssimo,
mas é que não tenho palavras.

UMA NOITE ANTIGA

Abri na madrugada espessa
uma janela de insônia:
galos, sapos, cães e homens nas suas casas,
determinados e pobres,
na opressão da noite sem brisa,
de suor e calor.
A fileira dos postes, seus precários sóis,
e minha interrogação abrupta
como um grito epilético: para quê?
Como o galo, o cão, o sapo, a lâmpada do poste,
minha dor vaidosa, dispensável e pobre,
e a tentação maior,
mais requintada e infernal:
desesperar-me,
enquanto no Monte Sagrado,
esquecido de mim e da aflição da minha alma,
o profeta conversava com Deus.

O SENTIMENTO NO SONHO

Vejo o homem que procurava,
grito seu nome repetidamente
e ele se esconde na multidão.
Carrego um recém-nascido minúsculo,
tem a cara de um velho, definha
e pode morrer de fome.
Me lembro de chegá-lo ao peito
e ele mama, mama, mama,
dentro do ônibus quebrado
no qual fujo de casa
com medo de meu pai.
No telefonezinho ultrapassado,
quero encontrar minha mãe,
quero explicar-me, não consigo.
A viagem demora,
a poltrona é desconfortável,
mas de tudo o mais triste
foi o homem fugir quando gritei seu nome.

OS CEGOS

Um desejo
que não o do próprio sol
o faz erguer-se
e caminhar no céu.
O sol precisa de ajuda,
a pedra também,
o que parece inerte, a poeira da morte.
Trememos de solidão entre as estrelas.
A viagem é sem termo,
o que se encontra é pó,
brilho cada vez mais longínquo.
Ao alcance dos olhos,
Jesus chora sobre o mundo.

DENTRO DA ORCA

Ainda não fui vomitada da baleia de Jonas
e a terra do meu coração é uma Jerusalém infiel
que nem sequer tem um muro para as lamentações.
Sou Davi no seu adultério
e Moisés na sua hesitação.
Nasci ao fim do Velho Testamento.
Não vi a face de Cristo.
Me preparei sem saber que era estéril
e ele nasceu de minha irmã.
Fui criada na lei e tenho medo de Deus.
Cheguei depois do milagre dos pães
e as sobras não tiveram o destino de minha mesa.
Sou o que não estava com os discípulos quando ele veio.
Sou o que mais sofre,
o que mais hesita.
Estava à beira do caminho com uma toalha,
mas Verônica se adiantou.
Pressinto um cansaço enorme,
o vento ameaça minha lâmpada
e perdi a moeda para um novo azeite.
Olha pra mim.

JUDAS

Enlouqueci porque vi o impossível:
toda a dimensão da minha iniquidade.
Já prosélito, a última voz ouvida foi a sua:
'Amigo.'
Eu era a carne do ódio.
'Amigo.'
Ele me chamou pelo nome
e corri na direção contrária,
ao encontro desta árvore
que me sustém na corda
sem apodrecer jamais,
fruto de escárnio.
Não tarda e terei contemplado
o alvorecer de duas mil Páscoas,
nenhuma para a aflição da minha alma
que não conhece entrega,
que se recusa à morte,
porque não entendeu o chamado.
Não resistirei mais.
Ficarei aqui contra todos os ritos,
em dia de sábado,
porque ouço, vinda do futuro,
a conhecidíssima voz clamando sem cansaço:
'Amigo. Amigo.'
Não me enforcarei outra vez.

RESSURREIÇÃO

Deveras, da insuportável soma do enfado,
da repetição dos dias,
das menores banalidades,
de tudo que em mim sabe ser diariamente
mesquinho e igual,
e, sobretudo, da solidão,
do impossível de dizer-se,
da dor incomunicada,
não ouvida, não adivinhada,
se fez a mó que triturou o grão
e o distendeu assim, como bússola,
já quase o pão ritual do sacrifício.
Aguardo o repouso da rocha,
para ouvi-lo dizer-me na madrugada:
"Sou o Senhor, não me toques..."
Só esta certeza me sustém.
Só por ela não pergunto a Judas
qual a melhor árvore.

O HOMEM NA TORMENTA

Esmerada tentação,
sofrer sozinha.
Me atrai o que no desespero é belo,
força de mil cavalos.
É para resistir que imploro a Deus
seu poderoso auxílio,
o dom da fortaleza, a serena alegria.
Quando morava à margem da via férrea,
à margem da vida,
e tinha sobre o corpo leves panos
e não tinha sapatos,
eu compreendia tudo.
Depois o pai morreu, a mãe, a irmã,
o homem da mão seca e o cego.
Meu coração encolhe-se de dor,
verme entre brasas.
Ofereço a Deus meu braço, ele recusa.
Dou-lhe mais: os olhos, e ele nem ouve.
Me quer lúcida e sã entre bactérias, tristezas
e o que a vanglória do mundo chama os derrotados.

MÁCULA ORIGINAL

Estou no centro do planeta,
os pés brancos da areia
que faço desprender do montículo.
Ninguém sabe o que a alma padece
desejando a um só tempo o céu
e as belezas do mundo.
Já trabalhei bastante, passei frio,
não é uma queixa. Achava bem normal
como comer pão sem manteiga
e no fim de semana ganhar a carne
do meu avô que era bonito, viúvo e bondoso.
Rezava o terço e tinha cólicas horríveis,
dava pra escutar a pedra batendo no urinol.
Por que não me desapego de todas as lembranças
e faço como Maria: vou visitar Isabel
cantando *O Senhor fez em mim maravilhas*,
coisas admiráveis, nem mesmo quem me conhece
acreditaria ser eu a mesma pessoa que a visita.
Sou a rainha do medo,
o que não me confere coroa nem prestígio.
Descuidei-me e fiquei velha,
mas não é essa minha máxima culpa.
Cumpri dificílimos lutos,

como ficar sozinha neste planeta velhíssimo.
"Para os montes levanto os olhos:
de onde me virá o socorro?"
Do Senhor que fez o céu e a terra
e me plantou na alma
uma fome tão grande?
Sinto vergonha de não ser um anjo,
peço perdão à areia que desarrumei do monte.
No fim de tudo uma graça consola-me:
vou repetindo, repetindo a palavra
que me torna abordável ao próprio Deus.
Adonai! Adonai! Adoro-vos.

LABORES

O torturador e sua vítima terão igual misericórdia.
Isso nos repugna,
não a Deus, que é imóvel
em seu superabundante amor.
Nem nossos crimes são obras perfeitas.
O mapa-múndi, o espremedor de limão,
a escova do engraxate e a pá do coveiro
agradam a Deus porque são obras de paz
e em nosso favor certamente advogarão.
Invisíveis, coisas humildes constroem o Reino.

PRO REO

Peço perdão pelos constrangimentos,
desde sempre vividos em minha carne.
Por tais padecimentos vos agradeço, ó Deus.
Sem eles, adoraria insetos,
sapatos feitos à mão.
Adoraria o corpo e seus descartes.
Por mais que os físicos se esforcem,
nenhum bate a cabeça contra o muro
para provar a tese de que a matéria não existe.
Enormemente pequenos, ou demasiado enormes,
um grão de pólen, um osso, um filete de sangue no sudário
estremecem o homem.
Já escutou galos na madrugada?
Surpreendeu alguém te olhando esquecido de si?
O teólogo se confunde, com medo de descobrir que a salvação
é a herança final de tudo que respira.
Cometo crimes contra minha alegria,
mas defendo que não me sejam imputados
como vaidade ou soberba.
Porque temo a Deus
e amo seu Filho,
o que faz caber em suas chagas
eu e o Pedrinho Matador.

PEDIDO DE SOCORRO

Com medo do inferno,
o poeta rezou ao fim da vida
e pusemo-nos indignados,
traídos, pois o elegêramos suporte
de nossas bem geridas descrenças.
E agora?
Agora é vociferar,
até que velhice, cegueira, artrite,
impossibilidade de escrever um verso
nos façam querer jardins e seus rebentos,
não resistir ao amor e seus desperdícios.
Quem me tira do peito este granito
e transforma meu coração?

A PEDINTE

Estou doente, eu digo.
Choro de quinze em quinze minutos
por dias seguidos
e agarro o que estiver por perto
como se fosse minha salvação.
Não é doença, é cansaço.
Não me acredita?
Os monges de túnica alaranjada,
eles, sim, acreditam e mendigam.
Os discípulos de Jesus cuidavam do que comer,
apesar de ele ter dito:
olhai os lírios do campo,
as aves do céu...
Mas eu, se não cuido, os passarinhos
devastam minha horta.
Quero louvar a Deus,
meu dever e minha salvação.
Mas, quando vejo, só estou pedindo
como o mendigo insistente
que achou de sentar à minha porta.
Dou comida, água e café que ele adora.
Não lhe dou banho nem lhe faço a barba,
existem grupos vocacionados que o fazem.

Eu acho pouco. Difícil explicar.
'É uma parábola, filha', diz Jesus.
'Não entendeste nada.
Segue pedindo. Um dia aprenderás.'

O MURMURANTE

Ainda que lhe assistam fama,
honorabilidade e riqueza,
todo homem um dia diz sozinho:
'Ai. Ai, ai, meu Deus.'
Nessa hora, completa seu gemido
o que faltava à paixão de sua vida.
'Tudo é maior que eu.'
Inveja a formiga devotada às migalhas
e acha a vida dela muito triste também.
'Ai, Deus, quem me socorre?
Será que esta noite eu vou dormir?'

ERA PRA SER UMA ORAÇÃO

Diante do inefável,
abrir mão de toda compostura.
Suplicar um emprego
com um desejo tão grande
me produziu rachaduras na língua.
Sei que tudo passa,
férias, casa no sítio,
aparelho de som,
mas não morri ainda.
Vivo no tempo em que até relógios trabalham.
Quero um bom emprego,
ó dono do mundo,
ouve a encarniçada súplica
que pontua meus dias.
Não mudo meu discurso
porque de vós não há como esconder-me,
vosso olhar de agulha me trespassa o corpo.
Conspurcada de corticoides ingratos,
sofro esbarrões de palavras
que não quero escrever,
chegam com ritmo em turbilhão
que me força a despir-me
de toda astúcia e suplicar-vos de novo

‘me dá um emprego’.
Não é vosso tudo que existe?
Quem sabe produzo apenas ruído,
grande hipócrita que expulsa por Belzebu seus demônios?
Se não houver aqui nenhum amor,
Kyrie Eleison,
Kyrie Eleison.

O CACTO

A terra da minha carne
é campo de areia seca,
sem prenúncio de flores ou relva,
barro gretado
que um sangue abrasado e amargo
nutre mal.
Sem uma só raiz de nativa bondade,
um só sinal de espontânea pureza,
só esta lucidez cruel,
esta cabeça exausta,
estes dois braços como de árvore morta,
afeiçoados ao perene exercício
de buscar a claridade,
o pressentido ritmo,
a imemorial paisagem.
Só o desejo de dar
o dorso e o côncavo das mãos
à face dos homens,
à raiz dos seus cabelos,
a seu sexo;
e só minha face rígida,
meus dedos perfurantes,
contato de choque e morte,

minha presença de sal.
Pedi o milagre e espero.
O Senhor é fiel.
Espero o raio,
a quebrada coisa recompor-se
e ter fala e mãos
para o que é pequeno e fraco
como crianças, animais
e o coração dos homens.

VALE DE LÁGRIMAS

É tudo muito complicado,
melhor dizendo, complexo.
Choro por dias seguidos
em horas regulares, como horas canônicas.
As pessoas se dizem: ela não está doente,
deve ser do psicológico,
o que muitas vezes é injusto,
como se o psicológico pudesse ser varrido
como folha seca.
Tenho preguiça de levantar cedo.
A história de que velho dorme pouco é só história.
Melhor vê-lo deitado do que curvado na cadeira.
Meus joelhos vacilam.
Como seria encontrar minha mãe que morreu tão cedo?
Mãe, onde foi parar o jogo de marmita
que tinha uma alça grande,
aquele onde eu levava comida pro tio Dan-Dan?
Queria saber também da mobilinha de ferro
que o pai fez pra mim e a senhora
fez de pano almofadas e colchãozinho.
Estou querendo, mas não vou chorar.
No fim da quaresma vou rezar assim:
pela vossa dolorosíssima paixão,

aceita meu sacrifício,
levantar-me, pegar lápis, papel
e palavras que possam dar ao horrível da vida
uma porção de alegria.
Quem falou sobre joelhos vacilantes
falou também que os coxos saltariam como cabras.
Tudo que peço é a fé,
a que transporta montanhas.
Com licença,
agora é sem desespero,
mas vou chorar um pouquinho.

NOITE ESCURA

Como um cão doente à soleira do seu dono
que não lhe abre a porta,
começo a amar o fogo
de forma sacrificada,
pois o temo tanto quanto a grandes águas.
O mundo me faz ridícula,
mas não me torna humilde.
O apóstolo, com suas duras epístolas,
ordena-me deserdar a carne,
o que mais amo em Deus,
a perfeição de seu Filho,
a poesia reunida do universo.
Eu só quero adorar,
até me faltarem as forças
para escrever um único verso bom.
Estar doente é dádiva também,
não ter palavras.

CLARO-ESCURO

Era uma noite pesada, dessemelhante,
incidindo sobre as pessoas
círculos de luz amarela.
Holofotes ou poderosas lanternas,
abriam clareiras na escuridão
e eu divisava vultos.
Em meio à minha tristeza eu podia dizer:
as coisas se fazem, uma solução engendra-se,
nos subterrâneos turvos acharei meu caminho.
As luzes acometiam a intervalos,
pequenos delírios, tal um tresvario,
contudo não dormia nem estava febril.
Que farei para que me acreditem
e não me tomem por louca?
Eu não via com olhos,
como se escutasse,
como se sentisse
a realidade irrecusável dos sonhos.
Uma compaixão desmedida me tomava:
carros, negócios, pessoas contando ovos,
uma compaixão tão imensa
que ameaçava perder-me
nos limites do desumano.
Eu estava na cruz, mas era doce,
era Deus quem doía em mim.

Obras da autora

POESIA

Lapinha de Jesus, presépio de Frei Tiago Kamps, O. F. M., texto da autora e Lázaro Barreto, fotos de Gui Tarcísio Mazzoni. Petrópolis: Vozes, 1969.

Bagagem. Rio de Janeiro: Imago, 1976; Rio de Janeiro: Record, 2002; Lisboa: Cotovia, 2002.

O coração disparado. Rio de Janeiro: Nova Fronteira, 1978.

Terra de Santa Cruz. Rio de Janeiro: Nova Fronteira, 1981.

O pelicano. Rio de Janeiro: Guanabara, 1987.

A faca no peito. Rio de Janeiro: Rocco, 1988.

Poesia reunida. São Paulo: Siciliano, 1991.

Oráculos de maio. São Paulo: Siciliano, 1999.

A duração do dia. Rio de Janeiro: Record, 2010.

Miserere. Rio de Janeiro: Record, 2013.

O jardim das oliveiras. Rio de Janeiro: Record, 2025.

PROSA

Solte os cachorros. Rio de Janeiro: Nova Fronteira, 1979.

Cacos para um vitral. Rio de Janeiro: Nova Fronteira, 1980.

Os componentes da banda. Rio de Janeiro: Nova Fronteira, 1984.

O homem da mão seca. São Paulo: Siciliano, 1994.

Manuscritos de Felipa. São Paulo: Siciliano, 1999.

Prosa reunida. São Paulo: Siciliano, 1999.

Filandras. Rio de Janeiro: Record, 2001.

Quero minha mãe. Rio de Janeiro: Record, 2005.

Quando eu era pequena. Rio de Janeiro: Record, 2006. (Infantil)

Carmela vai à escola. Rio de Janeiro: Record, 2011. (Infantil)

ANTOLOGIAS

Mulheres & mulheres. Organização de Rachel Jardim. Rio de Janeiro: Nova Fronteira, 1978.

Palavra de mulher: poesia feminina brasileira contemporânea. Organização de Maria de Lourdes Hortas. Rio de Janeiro: Editora Fontana, 1979.

Contos mineiros. São Paulo: Ática, 1984.

Antologia da poesia brasileira. Seleção de Antônio Carlos Secchin. Tradução de Zhao Deming. Pequim: Editora Embaixada do Brasil em Pequim/Departamento Nacional do Livro/Fundação Biblioteca Nacional, 1994.

Poesie. Tradução de Goffredo Feretto. Gênova: Fratelli Frilli Editori, 2005. (Antologia em italiano, precedida de estudo do tradutor)

La poésie du Brésil du XVIe au XXe siècle. Organização de Max Carvalho. Paris: Éditions Chandeigne, 2012. (Seleção de poemas, em edição bilíngue, com apoio do Ministério da Cultura, Fundação Biblioteca Nacional e Embaixada do Brasil na França)

TRADUÇÕES

The Headlong Heart. Tradução de Ellen Watson. Nova York: Livingston University Press, 1988.

The Alphabet in the Park. Tradução de Ellen Watson. Middletown: Wesleyan University Press, 1990. (Seleção de poemas)

El corazón disparado. Tradução de Cláudia Schwartz e Fernando Roy. Buenos Aires: Leviatan, 1994.

Bagaje. Tradução de José Francisco Navarro Huamán. Cidade do México: Universidad Iberoamericana, 2000.

Ex-voto: poems of Adélia Prado. Tradução de Ellen Watson. North Adams: Tupelo Press, 2013.

The mystical rose. Tradução de Ellen Watson. Hexham: Bloodaxe Books, 2014.

Este livro foi composto na tipografia Minion Pro,
em corpo 11,5/17, e impresso em
papel off-white na Plena Print.